U0597934

全国学前教育专业
"十三五"规划教材

创意美术
基础教程
全彩微课版

◎ 王亚杰 宋婷婷 编著

人民邮电出版社
北京

图书在版编目（ＣＩＰ）数据

创意美术基础教程：全彩微课版 / 王亚杰，宋婷婷
编著. -- 北京：人民邮电出版社，2018.7（2024.6重印）
全国学前教育专业"十三五"规划教材
ISBN 978-7-115-48234-1

Ⅰ．①创… Ⅱ．①王… ②宋… Ⅲ．①学前教育－美
术课－幼儿师范学校－教材 Ⅳ．①G613.6

中国版本图书馆CIP数据核字(2018)第067054号

内 容 提 要

本书系统地讲解了学前教育专业美术教学的相关知识。全书共分为四章十七节，全面介绍了基础素描（几何体、器皿、植物和游戏）、创意线描（写生、装饰、插画、综合材料）、创意色彩（水粉、版画、水彩、彩墨、综合材料）、创意手工（编织、布玩具、纸黏土、微景观）等相关知识。内容设计上，本书循序渐进，连贯性强，在创意线描与创意色彩章节添加了"实习与实践"栏目，向读者介绍了不同阶段幼儿的绘画能力情况，提出教学建议，增强了技能讲解的趣味性与创意性，帮助读者系统掌握美术知识，并融入幼儿园的教学实践。

本书是为普通高等院校、职业院校学前教育专业的"美术基础"课程专门编写的一本实用性强、创意性强的应用型教材。此外，本书也可用于幼师美术培训和幼儿及小学生学习美术的参考用书。

◆ 编　著　王亚杰　宋婷婷
责任编辑　古显义
责任印制　马振武

◆ 人民邮电出版社出版发行　北京市丰台区成寿寺路 11 号
邮编　100164　电子邮件　315@ptpress.com.cn
网址　http://www.ptpress.com.cn
北京博海升彩色印刷有限公司印刷

◆ 开本：700×1000　1/16
印张：8.25　　　　　　　　　2018 年 7 月第 1 版
字数：168 千字　　　　　　　2024 年 6 月北京第12次印刷

定价：39.80 元

读者服务热线：(010)81055256　印装质量热线：(010)81055316
反盗版热线：(010)81055315
广告经营许可证：京东市监广登字 20170147 号

前　言

　　在新时代背景下，现代艺术共鸣共生，多元文化碰撞交融，从观念上改变了人们对传统美术学科的认知。面对幼儿的艺术原生态、创造力、想象力，诸如毕加索和米罗一类的大师都曾沉浸其中，并说过"我能用很短的时间画得像一位大师，但我却要用一生去学习画得像一个儿童"。当然，毕加索和米罗不是幼师，但如果是的话，人们能否看到更多、更好的作品呢？大师为现代幼师提供了新的艺术可能。

　　在这本幼师美术学科教材中，我们将传统的素描、线描、色彩和手工技能型课程融入类似幼儿游戏的创新课程中，并试图用多材料、多技巧及多种表现语言来提高幼师的艺术创造力，培养幼师运用学科技能表达艺术观念及生活情感的艺术素质。本书的特色在于，传统的技能型知识讲授被新颖的创意实验所取代，幼师将保持着儿童的好奇心与兴趣，以一种更贴近儿童的作画状态进行创作。这将有助于幼师在面对未来的工作时理解与分析幼儿的作画兴趣与作画心理，形成超出美术技能之上的艺术观念与表现力，并在未来教学中成为幼儿美术学习的环境创造者、经验分享者和创作支持者。书中线描与色彩章节除了清晰的创意技巧步骤讲解外，编者还添加了"实习与实践"栏目，帮助学生分析不同阶段幼儿的绘画能力特征，并有效指导具体的教学实践；手工章节的步骤详细，材料介绍全面，为学生的手工实践提供了优秀的范本。

前 言

　　本书是编者在长沙师范学院学前美术教育领域任教十余年的成果展示，其中第一章至第三章内容由长沙师范学院王亚杰老师编写，第四章内容由长沙师范学院宋婷婷老师编写。感谢长沙师范学院美术动画系、学前教育系、艺术设计系的同学们为本书出版提供的大量优秀作品，同时也要感谢湖南艺术职业学院陈成雯，长沙师范学院林涛、徐烨、黄蕊、王涛、扶玉君、陈文艳、秦苗苗等同学为本书出版提供的帮助。

　　希望本书的出版能成为推动学前美术教育教学改革的利器，引发从教者在当代艺术语境下对学前美术教育新模式的种种思考。

编者

2018年1月

目　录

目 录

第一章
基础素描

　　素描是一种用单色对物体进行造型表现的绘画形式。素描是美术学习的必经阶段，它排除了色彩的干扰，便于观察者更为专注地对光线明暗、物体造型和轮廓表现等视觉现象进行分析，使初学者能较快地掌握体积、空间、明暗等造型基础知识。

一、素描的工具

1. 笔

　　单色描绘画面的工具都可用于素描表现，如单色粉笔、单色铅笔、炭笔、炭精条等。在艺术创作中，素描的笔甚至可以运用到色彩表现或纤维表现的工具上来，如运用同类色彩的明度变化来表现物体空间形成的单色粉画或油画作品，或运用绣染、编织等形式创作出的单色纤维艺术作品等。尽管素描用笔多种多样，但作为初学者，使用最为方便、同时也最能够直接表现黑白灰关系的用笔工具即是铅笔。

铅笔素描

单色水粉画

纤维编织的黑白灰

铅笔笔芯由石墨与黏土组成，石墨含量高则用笔痕迹厚重，铅粉黑亮松散；石墨含量低则用笔痕迹轻浅，铅粉浅淡油滑。铅笔上标有含量符号 H（Hard，硬）、B（Black，黑）。当 H 含量高时，笔迹轻浅；当 B 含量高时，笔迹粗重。绘画时，应选用 8H 到 10B 之间不同型号的铅笔若干，以表现素描作品丰富的黑白灰层次。

铅笔

2. 纸

运用铅笔、炭笔等工具作画在素描纸上表现即可。根据个人喜好及画面深入程度的不同，可选用粗面或光面的纸张，也可选用或厚或薄的纸张。此外，有色纸张拥有天然的灰色调及层次。在运用炭笔、粉笔等松软材质时，也可尝试选用类似牛皮纸、灰卡纸等材料作画。

素描纸

3. 画板

画板用于固定画纸，展平纸面，是一种便于户外携带写生的工具。用画板绘画时，可将画板垂直放置在双腿上，视线与画面保持垂直，一边观察一边写生，也可用画架支撑画板进行绘画。

二、素描的分类

从造型方法上看，素描可分为线性素描、结构素描和明暗素描；从表现手法上看，可分为抽象素描、意象素描和表现素描。下面介绍从造型方法的分类。

　　线性素描是运用线条的穿插变化来直观地表现形象特征，弱化明暗关系及体积空间的一种素描形式。线性素描中，线条的使用应准确肯定，注意虚实、转折及顿挫的变化。

线性素描

　　结构素描侧重于表现物体的结构，包括物体外结构及内在结构变化，弱化光线的明暗关系及素描层次。

结构素描

明暗素描通过研究光线变化下物体结构的体积及空间关系，来真实描绘对象特征。

明暗素描

三、素描的线和面

在素描表现中，线条体现着物体轮廓和空间关系。平行及等距排列的线条形成面的关系，在面的铺开过程中构造丰富的明暗变化，塑造出物体的结构特点。

素描线有虚实、强弱、轻重、曲直、疏密的变化。在表现线条时，粗重强烈的线条及排列紧密的块面构成物体近的空间层次和主体画面关系，而细弱轻浅的线条及疏散排列的块面构成物体远的空间层次和与主体相对比的画面关系。

素描的线和面

在表现结构素描时，相对内结构线，外结构线体现出重而强烈的线条特征。在外结构空间变化中，线条的虚实也体现出物体的空间转折关系，向内转、居于暗面的线条较实，而向外转、居于亮面的线条较虚。

第一节　抽象体块

素描中最简单的物体应属方体组合。方体组合是由方体构成贯穿体，并以方体观察方法表现其他几何块面的组合，是学习素描过程中认识物体结构并学习表现方法的必经阶段。学习抽象体块需要学习立体主义的观察方法，用抽象、概括的结构分析原理来表现对象，甚至可以从观察者的主观角度出发对物体进行变形和情感化处理，以达到素描整体关系和谐的前提下构图巧妙、形象新颖、画面鲜明的创作效果。

【本节学习目标】

（1）掌握基本的平行透视、成角透视与圆形透视原理。

（2）学习用抽象体块组合的方法进行创作。

（3）用抽象体块表现法进行建筑物描绘。

线条的表现

立方体

一、透视原理

1. 平行透视

立方体至少有一个面与画面平行的透视现象称为平行透视。在平行透视中，垂直于画面平行面的各边有且只有一个交点。

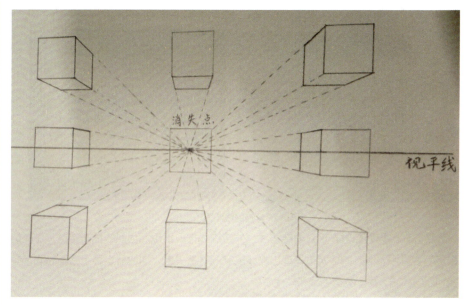
平行透视

2. 成角透视

立方体中没有任意面与画面平行，而是两个面间的夹角边朝向画面，这种透视现象称为成角透视。在成角透视中，成角边的左右两侧视平线上分别有一个消失点。

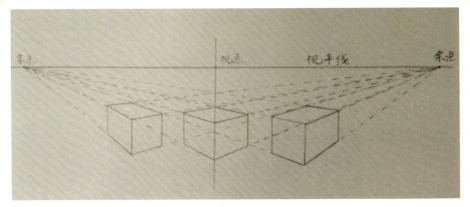

成角透视

3. 圆形透视

圆形在视平线上下或左右移动时，圆弧会因为远近距离而产生近大远小的变化，这种透视现象称为圆形透视。当圆形由近及远时，终会消失于一点。

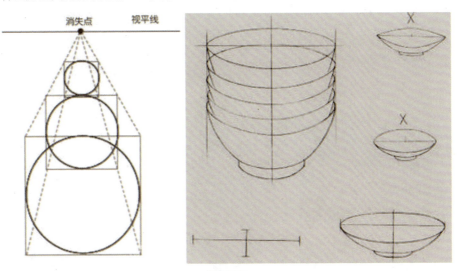

圆形透视

二、方体组合

生活中的方体有很多，如建筑、积木、纸箱、砖块等诸多不同材料的体块，在组合过程中能够呈现出各种形态的变化。

1. 观察方法

与视点相平行的水平线称为视平线。在观察方体组合时，应先定下视点，如俯视、平视或仰视，分析方体组合在空间中的大小、远近、虚实变化，再进入素描的整体观察到局部刻画。

被观察的方体

2. 作画步骤

（1）在画面中定出方体组合的位置关系。

（2）用方形概括各体块的大小。

（3）根据透视关系表现方体的各个块面。

方体的作画步骤

3. 结构与明暗的表现

结构素描注重方体结构线的表现，运用结构线的虚实和强弱来表现物体的空间体积。

结构素描

明暗素描侧重于光在方体上产生的明暗层次，运用色调的黑白灰变化来表现方体的空间体积。

明暗素描

三、抽象体块的表现

1. 从立体主义学起

油画《格尔尼卡》是毕加索作于 20 世纪 30 年代的一件具有重大影响及历史意义的

杰作。此画结合立体主义和超现实主义风格，表现出痛苦、受难和兽性。画家把具象的手法与立体主义的手法相结合，并借助几何线条的组合，使作品获得严密的、内在结构紧密联系的形式，以激动人心的形象艺术语言，控诉了惨无人道的战争暴行。

毕加索的《格尔尼卡》

2. 解构与重组

解构与重组是将日常物体分解，通过重新变化和组合，构成新的物体，产生特殊而丰富的趣味效果。

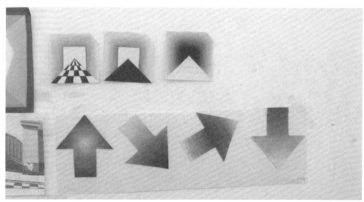

解构与重组

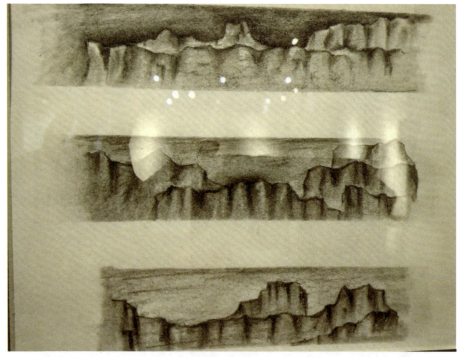

解构与重组（续）

3. 观念与情感

观念与情感是指在作品中融入作者的主观审美意象，强化作品的风格和特征，传达创作者的情感与观念。

元阳梯田

黑白观念表达

四、抽象体块的表现实践

1. 抽象几何体

以大小、高低不等的几何体为描绘对象，进行位置关系的变化排列。

抽象几何体

2. 抽象建筑

以建筑为描绘对象，表现一组建筑小景。

抽象建筑

【思考讨论】

生活中还有哪些抽象体块的组合形式?

讨论并研究各种抽象体块的组合,并进行素描练习。

【动动手】

用四开大小的纸张完成一幅石膏几何体组合写生作品,方法不限。

第二节　意象器皿

器皿是生活中最为常见的物件。器皿造型简洁,质感丰富,能够摆放出层次多样的画面。器皿摆放在光线相对集中的室内是进行素描基础练习的较好素材。

【本节学习目标】

(1)能够运用素描知识进行器皿表现。

(2)进行器皿创意摆放来变化空间布局。

(3)能适当地对器皿进行变形处理。

器皿

一、写实与意象

写实是以实物为原型,并不改变原物象的形体特征、组合关系、空间位置,对物象进行如实描绘表现的一种绘画手法。

意象是发挥观察者的主观创造性,以实体物象为参照进行形象、结构、空间等多方面创意改造的一种绘画手法。

意象素描

二、器皿的质感表现

器皿因材料不同从而产生表面丰富的变化，使观察者在视觉和触觉上形成特殊的体验。陶器暗哑、瓷器光滑、石器粗糙等，各种器皿的质感在素描画面中均有不同的表现。

器皿的质感

三、构图设计

构图是指对画面中各形体位置关系的经营。好的构图能突出画面的层次关系，形成合理的空间布局，体现出较好的创意效果。

四、器皿的意象处理

（1）夸张：夸大物象特征，突出形象的趣味性表现。

夸张

（2）变形：对物象的外形轮廓及比例关系、结构关系进行变形处理。

变形

（3）拟人：赋予静止的物体以人的情感、动态及精神表现。

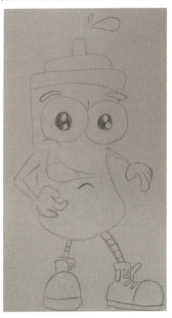

拟人

【思考讨论】

意象器皿的表现方法还有哪些？

讨论并研究具有个人主观风格的作品，并完成课后作业。

【动动手】

用四开大小的纸张完成一幅意象器皿的写生作品，方法不限。

第三节　意象植物

植物包括枝、叶、花卉与果实，具有丰富的组织关系与纹理变化。意象植物表现即是通过观察植物间的穿插关系、细节形态、生动特征，来训练初学者深入刻画的能力，培养他们作画的想象力与创造力。

【本节学习目标】

（1）能够对植物进行素描写生。

（2）创意设计植物纹脉。

（3）对植物外形进行意象表现。

一、植物写生

植物写生形式多样，如一片叶、一朵花，或一枝一束、一林一木，都可进行写生描绘。植物写生时要善于捕捉生动的自然形态，细心观察植物的生长规律及纹理特征，并根据光的明暗变化来表现层次空间关系。

植物写生

植物写生（续）

二、设计与创意

　　植物有丰富的纹理，如叶脉纹、花瓣脉纹及枝干脉纹等。我们在对植物自然纹理摹写表现的同时，也应对其进行大胆的设计创意，增强画面的装饰性和趣味性，并依据主观感受营造画面气氛，提升作品意境。

植物与山石纹理摹写

三、意象植物

　　选取植物的局部，在画面中对所需图形进行整体设计和构图表现，或运用各种材料描绘素描基本特征，弱化物象的真实状态，加强画面的形式感及设计感。

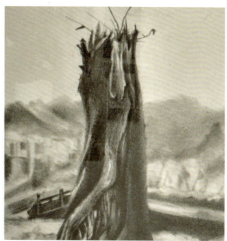

意象植物

【思考讨论】

植物创意形式有哪些?

讨论并研究各种意象植物的表现方法,并选择感兴趣的形式进行练习。

【动动手】

用四开大小的纸张完成一幅意象植物素描作品,方法不限。

第四节　素描游戏

　　以游戏的形式学习素描，能够提高青少年素描的兴趣。利用光影、巧合、错视等方法进行丰富有趣的素描游戏，能够活跃课堂气氛，充分发挥初学者的主观能动性，在知识训练的同时提高其思考能力和创意能力。

【 本节学习目标 】

　　（1）整理各类型的素描游戏。

　　（2）创意设计素描游戏。

一、素描游戏的分类

　　（1）光影游戏：光影游戏是对生活中有趣的光影变化进行观察并运用素描方法加以体现的游戏形式。它借助日光、灯光、水面折射光等多种光源的变化表现丰富的光影肌理。

　　观察生活中的光影变化并对其进行刻画。

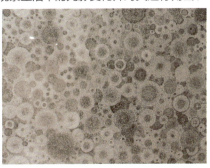

水波的光影律动

人物头部剪影效果

毛玻璃上的手掌与头像

玻璃后的虚影

玻璃窗雨点及风景

水波的光

（2）线的游戏：在生活中发现各种综合材料的线，并运用拓印等技法将线转印到画面上，从而表现出素描关系。

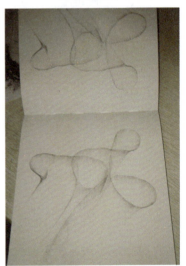

用线蘸碳粉在纸面上压印

墙面上树枝的线　　　　　　　　　　装饰线的变化

（3）巧合游戏：在空间中，组合不同抽象体块能够产生有趣的形象巧合。巧合使画面的趣味性增强，形成意想不到的空间效果。

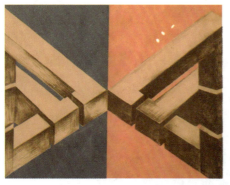

运用相对和相背的巧合排列体块

（4）错视游戏：改变透视、解构空间，产生超现实的画面意象，这是生活中达不到而又如迷宫般奇趣怪异的真实再现。

看似延续但无法走通的楼梯

二、素描游戏的设计

（1）在生活中发现：生活中有许多有趣的形象，当我们用素描的方法记录它们一瞬间的美感，并以新的形式在画面中设计组合时，就能够产生具有时代感的素描作品来。以趣味游戏的好奇心观察生活中的点滴细微事物，并由此产生素描的趣味。

水花的变化与胶片的螺旋排列，素描表现出点与线的穿插

（2）透视游戏：素描往往要遵循透视规律，但在艺术表现中，也可以通过改变透视法则或打破形体结构的方法来产生新的艺术趣味。

以微观视角表现鸟的五官及羽毛

（3）综合材料：运用绘画外的材料，如铜丝、彩纸等进行素描表现。在视觉上，这些材料取代了素描中的点、线或面元素，从而产生素描关系和视觉上的耳目一新的感觉。

铜丝装饰壁画

彩纸与素描的结合

（4）单色绘本插画：用单色绘本插画的形式练习素描，在作品中构思情节与烘托气氛，并通过形象设计提高绘画者的兴趣。

单色绘本插画

【思考讨论】

素描游戏还有哪些?

分组讨论并实施素描游戏。

【动动手】

用四开大小的纸张分组完成一幅素描游戏作品,方法不限。

第二章
创意线描

一、创意线描的要素

1. 点

　　点是线描画中最基本的要素。点有大小、疏密、虚实、聚散的变化。点的排列能够产生节奏和韵律，增强画面的动感，形成明暗空间或有趣的错视现象。从微观上看，一粒沙、一块石、一滴水、一颗繁星是点；从宏观上看，一朵花、一棵树、一栋房、一个星球也是点。点有规则的圆点，也有不规则的变化点……点的形成可用徒手绘制，或用圆规来画，也可喷洒、拓印等，其表现丰富，形式多样。

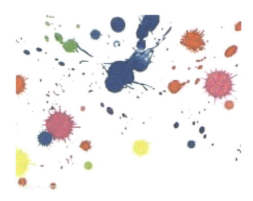

喷洒点

草间弥生《花》

点的疏密

点的大小

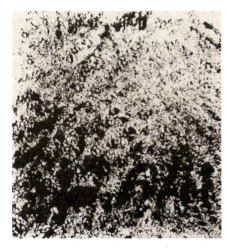

点的拓印

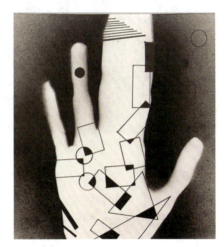

点的喷洒

2. 线

　　线是点的延展。线有横线、竖线、斜线、曲线、波浪线、折线等。不同的线条有不同的性质和情感因素。水平线（如海平面）让人感到平稳、安定；垂直线（如白杨树）让人感到严肃、庄重；十字线（如医用标志）让人感到肃穆、力量；斜线（如春雨）让人感到动感、活跃；折线（如电闪）让人感到紧张、剧变；放射线（如太阳）让人感到扩张、舒展；锯齿线（如木锯）让人感到焦虑、不安；波浪线（如水波）让人感到微动、流动；弧线（如山峦）让人感到优雅、柔美；自由曲线（如卷发）让人感到流畅、弹性。线条的变化可以产生不同的质感，如波浪线柔软蓬松、弧线光滑硬质、竖线笔挺厚重、折线刚硬易脆等。

　　线也有粗细、长短、疏密、虚实的变化，能够产生远近空间和明暗关系。线条的排列组合有时能够产生错视的视觉效果而趣味盎然。

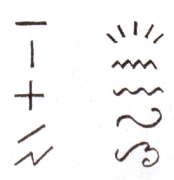

线的变化

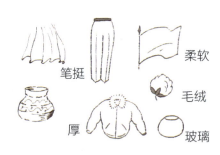

笔挺

柔软

毛绒

厚

玻璃

线的质感

线的曲直、粗细、疏密

3.面

　　面是点的扩张和线的延展。粗线是面，大点也是面。相对于点和线的排列而言，面的概念可理解为素描中黑白灰关系中的黑层次。在视觉上，面有亮面、灰面和黑面三种。面的形状有规则和不规则的变化，面的组织也能产生大小、疏密、虚实等关系。面可用黑色填充，也可用点或线密集填充，还可用点或线疏散填充，形成黑白灰层次。

面的黑白灰

线排列形成黑白灰面

点线面并没有明确的区别。理解点线面在生活中的变化现象，是对绘画进行理解和创作的直接途径。教师应将概念生活化、丰富化，增强幼儿对此课程学习的兴趣。

二、点、线、面表现的其他材料

线描创意画可以在纸面上表现，也可以在一次性纸制品、玻璃、塑料、布面等其他材料上表现。

1. 一次性纸制品

在一次性纸制品，如纸盘、纸质饭盒、卫生纸、面巾纸、纸筒、纸碗、纸杯等材料上可以表现线描。绘画工具包括水彩笔、马克笔、签字笔等。

2. 布面

在布面，如衣服、床单、窗帘、桌布、毛巾、帆布制品、手帕等材料上可以表现线描。绘画工具包括油性笔、白板笔等。

一次性纸盘作品 工具：马克笔

棉布绘画作品 工具：油性笔

3. 塑料制品

塑料餐盘系列、卫浴系列、厨房用品，各种塑料膜、塑料拖鞋、塑料腰带、塑料地毯、塑料奶瓶、塑料玩具、塑料购物篮及各类塑料模具的表面均可作画。绘画工具包括油性笔、白板笔等。

4. 玻璃制品

各种高脚杯、酒杯、啤酒杯、水杯、细颈带塞水瓶、带柄和囊的大水罐、冰桶、饮料杯等，餐具碟、缸、盘、碗、调味品器皿等表面均可作画。绘画工具包括马克笔、油性笔和白板笔等。

塑料板绘画作品　工具：白板笔

玻璃绘画作品　工具：白板笔

第一节　线描写生

　　线描写生是在素描表现的基础上，以线条的形式对形体结构、转折变化等特征进行写实性描绘的方法。线描写生能培养学生的观察、理解能力和对结构的分析能力，同时加强学生对线条的控制和表现力，为线描装饰课程积累相应的经验。

【本节学习目标】

　　（1）掌握线描写生的基本方法。

　　（2）设计幼儿阶段的线描写生课程。

一、线描写生的材料准备

　　线描写生的材料包括：马克笔、铅笔、美工笔、记号笔、素描纸、牛皮纸等。

二、线描写生画法

　　线描写生主要包括勾线法和剪影法。勾线法是将外形轮廓与内在形体结构进行线描表现和深入塑造的方法。剪影法是通过光照及实物投影的形式，抓住外轮廓基本外形，以块面填涂概括内形，运用剪影训练学生对物象外轮廓概括能力的方法。

三、线描写生步骤

1. 观察实物

　　线描写生从实物入手，在写生活动进行之前，作画者需要细致地观察物象的结构特征、形象特征、纹理特征，并思考通过线条表现物象空间体积关系的正确方法。绘画观察的过程即是对物象取舍和概括的过程，也是作画者对物象情感关注的过程。在教学中，建议学生选择感兴趣的事物进行线描写生练习，同时兼顾微观和宏观写生的方法。

2. 选择材料

线描写生材料主要为马克笔（粗细）、铅笔、美工笔等，作画者可根据写生对象的需要进行选取。表现细节时可用细头水性笔或尖头美工笔等，表现粗纹理或大轮廓时可用粗头马克笔或宽头美工笔。

马克笔、铅笔、美工笔

3. 构图

构图就是使用铅笔对写生对象的基本位置或外形空间进行定位表现，以便能够更为合理地安排画面布局及构图，避免在作画过程中产生位置和基本外形的偏差。

观察蔬果、竹篮形体及空间关系

线描定位

4. 勾画表现

勾画表现的方法先从画面整体再到局部，先完成物体外形轮廓的表现，再对内部结构和具体细节进行逐一描绘。

勾画出物体表面纹理特征

表现画面的黑白灰关系

【实习与实践】

不同年龄幼儿线描写生能力发展特点及教育建议。

1. 小班

能力水平：小班幼儿写生能力较弱，但善于观察和想象，对物体的细节特征较感兴趣，能表现直线的长短和曲线变化。

教育建议：

（1）写生教学过程中侧重于观察及想象。观察主要围绕物体特征进行，引导幼儿夸大表现物体特点，并理解细节组织规律及基本表现方法。

（2）绘画结合想象展开，不以外形为束缚表现物体的形体和质感，甚至教学中可抛弃外形进行特征性表现，如表现熊的皮毛（短线）、表现羊毛（螺旋曲线）等。

2. 中班

能力水平：中班幼儿手部精细度增强，活动力提高，能表现点线的排列变化特点，在写生活动中能够概括物象的基本外形特征，可用添加的方法表现物象。

教育建议：

（1）教学中引导幼儿进行观察体验，并鼓励幼儿概括物象的外形特征。

（2）教师提供多材料选择，丰富幼儿的线描表现力。

3. 大班

能力水平：手部灵活性提高，幼儿空间想象能力及对形象结构的理解能力增强，进行线描写生能够培养幼儿的秩序性和良好的作画习惯。

教育建议：

（1）教学中进行线条穿插、虚实、疏密等讲解，培养幼儿对线条的空间概念，提高幼儿的理解能力。

（2）可摆放多个复杂形象组合，训练幼儿的前后物体空间表现力。

（3）启发幼儿进行多种线描表现手法的运用，并鼓励幼儿探索新的材料进行线描写生练习。

【思考讨论】

线描写生还有哪些表现形式？

讨论并研究各种线描写生的方法，完成课后作业。

【动动手】

用四开大小的纸张完成一幅线描写生作品，方法不限。

第二节　线描装饰

线描装饰是在线描写生的基础上，运用线描的装饰性，以单色或多色方法结合点线面元素的变化规律，创作形成疏密、聚散、虚实、曲直等画面形象。相对于色块表现来说，线描装饰更加单纯、简洁、明了，也更能够表现作画者用笔的肯定性与概括性。线描装饰画作为素描与设计的辅助练习，其自身具有独立的审美价值，在书籍装帧、贺卡、插画、海报招贴等诸多领域均有所应用。

线描装饰

【本节学习目标】

（1）掌握线描装饰画的基本要素。

（2）了解线描装饰的画法。

一、线描装饰画的材料准备

线描装饰画的材料包括：马克笔、记号笔、素描纸、水彩纸、彩色卡纸、牛皮纸等。

二、线描装饰画法

1.线描装饰的表现方法

线描以马克笔、水性笔或油性笔等材料进行单色表现为主，运用适形填充、拟人联想、夸张变形等方法对描绘对象进行装饰。

（1）适形填充：是在简化的外形中进行形象填充，根据画面需要进行点线面表现，发挥联想和想象，对形象进行合理装饰。作画者对画面进行构思和构图，在单一纹样上添加一些能够突出特征的装饰纹样，使对象更加突出和完美。

适形填充的装饰训练可在相同的简化形象中进行，也可在不同的简化形象中进行。下图以花朵、蘑菇、水壶、羽毛、太阳、台灯、树形为基本造型，进行线描的装饰变化练习。

相同形象的适形填充

不同形象的适形填充

不同形象的适形填充（续）

作品欣赏

（2）拟人联想：是作画者在静止形象的联想创作过程中结合了人的喜怒哀乐，并赋予人的主观表情与愿望，装饰中表现人的动态和神态的绘画活动。现代绘画中常见的卡通形象普遍具有此画法的典型特征。

拟人联想的装饰训练可在确定装饰对象后，对其形象进行拟人化想象并加以变化，形成不同的拟人情感状态。

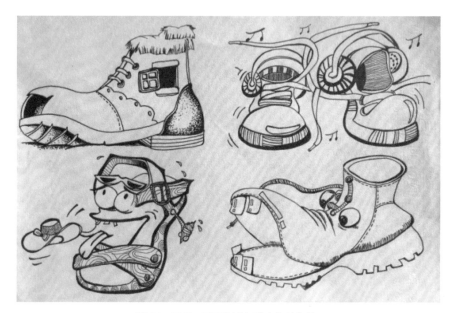

对鞋子、西瓜、星星等进行拟人化装饰练习

对鞋子、西瓜、星星等进行拟人化装饰练习（续）

（3）夸张变形：在概括基础上，对所描绘对象的典型特征进行夸张变形。夸张变形表现不应破坏形象的基本规律，同时夸张变形后的形象也需具备一定的可识别性和表现力。

对人物及花卉进行夸张变形装饰

对人物及花卉进行夸张变形装饰（续）

2. 线描装饰的综合表现

（1）彩色卡纸拼贴：利用彩色卡纸的丰富底色进行点线面的装饰表现后剪贴。

彩色卡纸拼贴

彩色卡纸拼贴（续）

（2）荧光笔线描：利用荧光笔的闪亮色泽在黑卡纸上作画，表现特有的黑白灰关系。

荧光笔线描

（3）刮画：利用刮画工具的线条变化，使画面形象体现出刮画纸底色的丰富变化来。

用木棍、牙签、竹筷等工具在刮画纸上刮出图形，并用点线面装饰。在没有刮画纸的情况下，也可以用彩色油画棒和黑色油画棒两层涂色，再用木质材料刮色。

刮出画面形象轮廓　　　　　　　　　刮笔表现点、线、面

刮出画面形象轮廓

刮笔表现点、线、面

作品欣赏

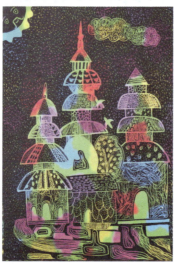

【实习与实践】

不同年龄幼儿线描装饰能力发展特点及教育建议。

1. 小班

能力水平：小班幼儿手部力量较弱，能够自由完成点线面的画面排列，但表现不够规范。画面形象以想象和变形为主，轮廓勾勒较为随意，喜欢用各种材料表现点线面的特征。

教育建议：

（1）教学中不宜过分规范点线面的整齐度，以幼儿自由和随意作画为主，增加创作区域中点线面综合材料的投放，鼓励幼儿发现更多的点线面综合材料来作画。

（2）以线描画与色彩相结合的形式作画。

（3）加强引导点线面符号与生活事物进行关联，如点与音符的关联、线与五线谱的关联等。

2. 中班

能力水平：中班幼儿手部肌肉灵活性和协调能力提高，对点线面大小、疏密和聚散变化有所认知，善于更为细微地表现形象的局部特征，对画面的情节较为感兴趣。

教育建议：

（1）教学讲解活动中，为幼儿提供绘本进行教学导入，为绘画增强创作情境。

（2）教师为幼儿提供多种材料选择，如水彩笔、马克笔、油画棒、喷画笔及纸张、木板等材料，引导幼儿在生活中观察事物，在作画过程中激发幼儿创作表现的欲望。

3. 大班

能力水平：幼儿手部肌肉灵活度提高，握笔逐渐有力，手眼协调能力有较大进步。对于较为复杂的空间、大小、疏密变化等有所认知，在绘画表现上积累了相应的实践经验，绘画更完整、饱满，具有情节性。

教育建议：

（1）在教学讲解中，教师可为幼儿讲解点线面基础知识及组合规律。

（2）形象表现的细节可更丰富些，教师在课前引导幼儿通过观察、体验活动发现与探究自然物象的结构特征。

（3）赏析教学适合在此阶段大量使用，将印象主义、表现主义、立体主义等作品导入课堂教学，增强幼儿的审美能力并丰富教学资源。

【思考讨论】

线描装饰画还有哪些表现形式？

讨论并研究各种线描材料的表现方法，完成课后作业。

【动动手】

用四开大小的纸张完成一幅线描装饰画作品，材料不限。

第三节　线描插画

线描插画即运用线描进行插画或绘本创意表现的艺术形式。线描插画材料便捷，画面对比鲜明，作画形式多样。在作品中，可突出线描的主体特征，也可穿插彩铅或水彩等淡彩方法以烘托线描气氛。

【本节学习目标】

（1）掌握线描插画的基本方法。

（2）学习设计线描插画或绘本。

一、线描插画的材料准备

线描插画的材料包括：马克笔、美工笔、记号笔、彩铅或水彩笔、素描纸、水彩纸、牛皮纸等。

二、线描插画的基本方法

1. 黑白插画

黑白插画指运用水性笔、马克笔等在纸面上画出的黑白对比强烈的点线面插画作品。形象设计包括风景、植物、日用、动物、人物等，对画面主体形象或整体背景进行黑白线描表现。

黑白插画步骤

作品欣赏

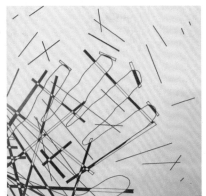

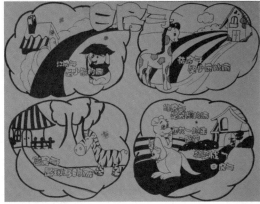

2. 彩铅线描插画

彩铅线描插画是以黑白线描为主体，同时结合彩铅的点线面表现进行选择性用色，以烘托整体线描气氛的方法。

定形

点线表现

完成黑白插画 用彩铅烘托气氛

作品欣赏

3. 水彩线描插画

　　水彩线描插画是进行线描绘画之前，在水彩纸面上完成水彩色彩，用水彩烘托法体现黑白线描插画。

水彩铺色

线描勾勒、装饰

三、线描插画的基本步骤

　　（1）设计整体构思。

　　（2）设计主体形象。

　　（3）铅笔起稿。

　　（4）形象勾勒及黑白线描表现。

　　（5）色彩铺陈（完成水彩线描插画，此步骤应在线描表现之前）。

线描插画

作品欣赏

【实习与实践】

不同年龄幼儿线描插画能力发展特点及教育建议。

1. 小班

能力水平：小班幼儿以线描插画阅读为主，可进行线描画面的故事想象，并以自我叙述和创编故事的形式进行线描绘画。

教育建议：

（1）丰富绘本阅读内容，鼓励幼儿想象。

（2）用综合材料创作线描插画（如纸藤粘贴五线谱、水波等），引导幼儿进行形象想象，并创编故事。

2. 中班

能力水平：中班幼儿的线描表现力增强，形象细节更为丰富，有合作意识。

教育建议：

（1）教学中引导幼儿分组创编故事，并以合作绘画的形式表现线描插画。

（2）线描工具的投放应更加多元化。

3. 大班

能力水平：大班幼儿的线描绘画能力极大提高，能够观察自然物象并以记录的形式进行线描表现，故事情节性增强。

教育建议：

（1）增加幼儿的线描插画阅读量。

（2）丰富色彩工具的选择性，以线条和色彩的形式丰富画面。

（3）鼓励幼儿独立创编故事、设计形象、选择材料、创作绘本。

创意美术基础教程（全彩微课版）

【思考讨论】

线描插画还有哪些表现形式？

讨论并研究各种线描插画的方法，完成课后作业。

【动动手】

用 16 开大小的纸张完成一套线描插画绘本，方法及材料不限。

第四节　线描综合材料

创意线描中的综合材料运用，即在生活中寻找点线面的自然物和人造物材料，并以绘画和手工相结合的方式进行线描创作，通过线描的形式体现材料特有的肌理。

【本节学习目标】

（1）探索线描表现的综合材料种类。

（2）能够运用综合材料进行线描画创作。

一、综合材料的准备

综合材料有各种材质的点状材料、线状材料、面状材料等。此外，胶棒、马克笔等也可成为作画的辅助工具。综合材料特殊的质感和肌理，能增强点线面作品的丰富表现力。

二、综合材料线描创意举例

1. 点状材料

可以用豆类、米粒、砂砾、螺丝帽、泡沫、毛线团、叶片等表现点。

点状材料

点状材料（续）

2. 线状材料及面状材料

（1）线状材料——衍纸：衍纸在具体操作时用细长的纸条螺旋卷盘绕，并固定在纸面形成线状画面。衍纸可在螺旋卷盘绕时出现线条的疏密变化，形成有趣而色彩多样的作品。

线状材料

（2）面状材料：用纸藤、毛线、丝网、枝条等表现线，用布、纸、塑料等表现面。

面状材料

面状材料（续）

【实习与实践】

不同年龄幼儿线描综合材料能力发展特点及教育建议。

1. 小班

能力水平：小班幼儿在对综合材料进行操作时手部力量较弱，手指抓握力度不强。

教育建议：

（1）教学中引导幼儿发现生活中的材料，鼓励幼儿自主收集材料并设计画面。

（2）此时期的幼儿因手部力量较弱，精细度不高，适合选用大而轻的材料拼贴。

2. 中班

能力水平：中班幼儿的手部肌肉灵活性和协调能力有所提高，对形象的大小有所认识，善于更为细微地表现形象的局部特征，对材料有更加深入的体验。

教育建议：

（1）此阶段应以物料探索为教学启发，培养幼儿独立思考的能力。

（2）教师引导幼儿运用触觉及视觉区分物料肌理的变化，并熟悉材料特性。

3. 大班

能力水平：幼儿手部肌肉灵活度提高，手眼协调能力有较大进步，对于较为复杂的空间、大小、疏密变化等形式有所认知，在绘画表现上积累了相应的实践经验。

教育建议：

（1）引导幼儿运用物料进行复杂事物（如建筑、人物等）的构建，培养幼儿的逻辑思维能力。

（2）教学讲解结合当代美术作品（如装置艺术等），启发幼儿思考材料与当代艺术的关系。

（3）鼓励幼儿分组合作完成大型艺术作品，并利用幼儿园空间进行展示。

【思考讨论】

　　请收集幼儿装置艺术作品的图片资料，并讨论综合材料与幼儿装置艺术的关系。

　　讨论研究各种材料的特性，并试验这些材料在美术作品中的特殊肌理效果。

【动动手】

　　完成一幅综合材料作品，平面与立体均可。

第三章

创意色彩

　　创意色彩是以色彩基础知识作为技法和理论依托的色彩创作形式。创意色彩不仅强调材料的丰富性和色彩的表现性，更注重幼儿在色彩表现过程中的趣味性和创造力。创意色彩拓宽了色彩表现的空间，更适于结合现代手法进行色彩创作和观念传达。

第一节　水粉游戏

　　水粉色彩鲜艳，覆盖力强，对比鲜明，有很强的视觉冲击力。作为广告宣传色，水粉的应用范围非常广，如海报招贴、书籍装帧、纺织设计、装饰图案等方面均有所表现。在幼儿绘画教学中，水粉以朴拙、明丽、浑厚的色彩特性，为创意色彩游戏提供了许多可创作和拓展的空间。

水粉游戏（干擦）　　　水粉游戏（喷洒）

【 本节学习目标 】

　　（1）了解水粉画活动的开展方法。

　　（2）能够运用多种材料表现水粉肌理游戏。

一、水粉游戏的材料准备

　　水粉游戏的材料包括：水粉颜料、水粉纸（水彩纸、卡纸均可）、水粉笔、调色盘、水桶。

二、水粉游戏方法举例

1. 滴流法

　　（1）选择小盒，底面内放置水粉纸或水彩纸或卡纸，滴入稀释的各色颜料。

　　（2）放入滚珠摆动盒体，滚珠在纸面完成水粉作品。

滴流制作过程

　　美国抽象表现主义大师波洛克的作品即是运用颜料随意滴溅在画布上，这些留在画布上纵横交错的颜料组成的图案记录了画家身体运动的轨迹。滴流画法借鉴波洛克的创作形式，表现出一种抽象的美。稀释后的颜料通过珠子在纸上滚动，表现出随意的线条与色彩，记录幼儿作画的行为和状态。

作品欣赏

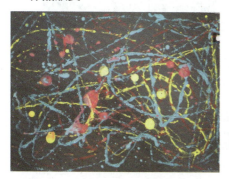

2. 点彩法

（1）用铅笔勾出画面形象。

（2）把握主色调，运用原色并置和色彩对比协调的点彩法完成点彩作品。

铅笔勾形

铺大块色

点彩

勾画细节　　　　　　　　　　　　完成画面

点彩法的叫法来源于 19 世纪后印象派画家修拉的分色点彩法。画面用密集的小色点组成物体形象，犹如建筑装饰上的"马赛克"拼贴镶嵌，构成了色彩相混合的特殊色彩情趣，给人一种闪烁、颤抖的色彩感受，增加了色彩画的趣味性和"玩颜色"的意味。

作品欣赏

3. 干擦法

（1）在纸面上勾画出形象。

（2）平涂形象底色。

（3）将笔上的水分吸干后与少量颜料调和，使笔头呈散开状。

（4）用枯笔在底色上擦拭，形成飞白枯涩的效果。

用枯笔画出花卉主体及背景

用海绵擦背景色　　　　　用牙刷刷出背景色　　　　　完成画面

用干擦法表现羊毛和草地

干擦法是在纸张的凹凸表面用含水少的画笔作画。干擦法适合表现光的反射或质感，动物的毛发或者头发，带有波浪的头发，小草等。干擦作画会留下干枯甚至生硬的笔迹，它不同于一般的笔触。未经充分调和的颜色堆积会产生点彩画般的斑驳陆离的色彩，需要视觉调和，产生和谐绚丽的效果。干笔下的色彩于粗糙之中闪动着跳跃的光泽，慢慢堆积起来的颜色以最普通的方式描绘物象，松散的笔意有利于画面的反复修改。干擦法适用于任何底子，包括画布、木板和油画纸。

此外，还可用枯笔、海绵、橡皮、布等带有阻力的粗糙材料敷上少许颜料来摩擦画面，或用砂纸、牙刷等工具摩擦画面，由此而产生一种较为朦胧、陈旧的痕迹，此法被称为摩擦法。

作品欣赏

4.喷洒法

喷洒法是以喷笔等喷绘工具为主的绘制方法。喷洒法除了使用专业的喷绘工具外，还可以利用刷子等工具达到类似的作画效果。

（1）遮纸喷洒

① 用剪刻纸的方法在底纸上遮挡或镂空形象。

遮挡形象

② 用梳子和牙刷喷洒的方法将遮挡以外的部分喷洒着色。

喷洒着色

③ 在底层作品上放置镂刻文字遮挡，喷洒后形成文字色彩。

喷洒文字色彩

作品欣赏

（2）遮物喷洒

运用综合材料的特殊形象肌理（树叶、网纹、毛线、花卉等）进行遮挡喷洒，形成画面。

放置树叶　　　　　　　　　　　　用牙刷和梳子喷洒

拿开树叶完成画面

作品欣赏

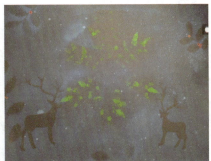

5. 吹画法

（1）将颜料滴落在画面。

（2）用吸管吹出树枝造型。

（3）用马克笔在水粉纸面上勾画花瓶，剪下粘贴到画面上。

（4）勾画桌面或背景，使画面形象完整。

用吸管吹出树枝造型

用马克笔勾画花瓶

剪贴花瓶

用棉签点出花朵 　　　　　　　为桌面及背景勾线

作品欣赏

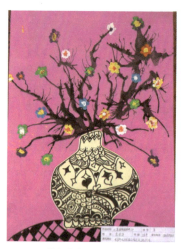

6. 拼贴类

（1）在水粉纸面上用水彩笔勾线完成花瓶部分，剪下。

（2）将花瓶粘贴于黑卡纸面上，用水粉画法完成底面桌布线条。

（3）用棉签蘸颜料点出桌布上的梅花，完成作品。

勾画花瓶 　　　　　　　　　剪下花瓶贴在黑卡纸面上

用水粉画法画出桌布线条

完成作品

作品欣赏

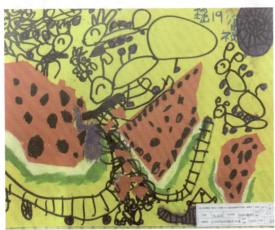

7. 拓印法

拓印法是运用自然物表面的特殊质感和肌理进行色彩印制。在涂色时要避免着色太厚，压印时平均用力，以达到拓印的最佳效果。

（1）设计形象，用铅笔描绘于画面。

（2）选择大小、形状各异的树叶，叶面涂色后拓印于形象上。

（3）补充金鱼眼部，用遮挡法喷洒形成水面，完成画面。

设计形象

拓印树叶于形象上

平均用力

补充鱼眼

可用于拓印的材料有很多，除树叶以外，还有海绵、棉花、丝网、粗糙纸面、毛巾等。

作品欣赏

【实习与实践】

不同年龄幼儿的色彩能力发展特点及教育建议。

1. 小班

能力水平：小班幼儿的手部力量较弱，他们虽然能够自由完成水粉色点、线、面的色彩表现，但填涂不均匀，也不能理解色彩重叠时产生的变化。该阶段的幼儿使用油画棒时，手部力量较弱，对油画棒色彩渐变的理解和把握不准确。

教育建议：

（1）教学中不用过分规范填涂的整齐性，以幼儿自由和随意作画为主，对色彩重叠关系的讲解不宜深入，在绘画示范中展示色彩重叠和变化即可。

（2）以线描画与油画棒相结合的形式作画，用油画棒辅助水彩笔的色彩上色。

（3）可以在作画前向幼儿展示抽象主义代表画家的作品（如康定斯基、蒙德里安等），引导幼儿展开绘画。

2. 中班

能力水平：中班幼儿的手部肌肉灵活性和协调能力提高，部分孩子能够正确执笔，对形象的大小有所认识，善于更为细微地表现形象的局部特征，对画面的情节产生兴趣。

教育建议：

（1）教学讲解活动中，为幼儿提供插画进行教学导入，为绘画增强创作情境。

（2）教师为幼儿提供多种材料选择，如各种纸张（水彩纸、水粉纸、砂画纸、铜版纸等）、木板（夹板）、塑料盘等不同材料，向幼儿呈现不同的色彩、质感；在平面物或立体物表面，运用色彩工具进行粗细、轻重、色彩变化表现，激发幼儿创作的欲望。

3. 大班

能力水平：幼儿手部肌肉的灵活度提高，握笔逐渐有力，手眼协调能力有较大进步；对较为复杂的空间、大小、疏密变化等有所认知，在绘画表现上积累了相应的实践经验，绘画更完整、饱满和具有情节性。

教育建议：

（1）教师可为幼儿讲解色彩基础知识及重叠变化、渐变规律。幼儿理解要领后有针对性地进行油画棒技法的练习和实践。

（2）形象表现的细节可更丰富些，教师在课前引导幼儿通过观察、体验活动，使幼儿发现与探究自然物象的结构特征。

（3）赏析教学适合在此阶段大量使用，以印象主义、表现主义、立体主义等作品导入课堂教学，增强幼儿的审美能力，并丰富教学资源。

【思考与讨论】

水粉游戏还有哪些方法？

讨论并研究各种材料与水粉游戏结合的技法，完成课后作业。

【动动手】

用四开大小的纸张完成一幅水粉画肌理游戏作品，题材不限。

第二节　儿童版画

儿童版画是在传统木版画及石版画基础上的变化与创新。儿童版画以材料的安全、便捷及制作方法的简单深受幼儿喜爱。儿童版画结合手工、绘画等多技能，并运用油墨、水粉、综合等多材料进行制作，制作中既动手又动脑，能引起制作者浓厚的兴趣。它对培养儿童细致精巧的劳作能力，对少年儿童的智力开发及儿童的创造力培养均起到良好的作用，也是幼儿初步接触版画的一种好形式。

剪贴纸版画　刻纸版画　粉印版画

【本节学习目标】

（1）了解儿童版画的技法。

（2）能够运用多种材料表现儿童版画。

一、儿童版画的材料准备

儿童版画材料包括：版画油墨（或水粉颜料、墨汁）、生宣纸、卡纸、油滚或毛笔、综合材料。

二、儿童版画方法举例

1. 剪贴纸版画

剪贴纸版画是用稍厚的纸张剪或刻出形象的平面轮廓，贴在另一张基纸上，形成凸版，上墨或上色后即可拓印。凸出的部分墨色深，可印出形象的块面，轮廓边缘呈白色，基纸上着墨少，形成中间色。纸板层层粘贴产生凹凸变化的制版，再运用版画油墨或水粉涂色、宣纸拓印的方法形成版画形象。剪贴纸版画可剪可撕，制作简单，材料安全，适合幼儿表现。

（1）草图设计版画形象。

（2）在厚纸板上复制形象，并层层剪贴。

（3）均匀滚油墨或铺水粉色。

（4）在生宣纸上均匀拓印，完成作品。

层层剪贴制作纸版　　　　　滚版画油墨　　　　　宣纸印制，完成作品

作品欣赏

2. 刻纸版画

刻纸版画是刀片镂空刻出形象后，用版画油墨或水粉涂色、宣纸拓印的方法形成版画形象。镂空刻出的部分在作品上形成白底，未刻部分印出色彩。因刀片刻制时产生的特殊刀印，刻纸版画能表现出特有的民间剪纸效果。

（1）草图设计版画形象。

（2）在厚纸版上复制形象，进行剪刻。

（3）均匀滚油墨或铺水粉色。

（4）在生宣纸上均匀拓印，完成作品。

在厚纸箱板（卡纸也可）上刻制形象　　　　滚油墨

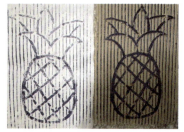

宣纸印制，完成作品

作品欣赏

拓展与提升

刻纸版画还可以借助镂空纸版局部拓印的方法完成单独形象的制作。

（1）在厚纸板上镂空刻出所需图形制版。

（2）将刻版置于作品纸面上，用海绵蘸版画油墨或水粉颜料进行拓印。

镂空刻出图形制版

制版后覆于画面，用海绵蘸水粉色进行拓印，完成作品

作品欣赏

3. 橡胶版画

橡胶版画是运用版画刻刀在橡胶板上刻出形象，利用刻刀刀口的各种线条形状和变化印制出类似木版刻印的效果。

（1）在橡胶板上设计形象。

（2）选择不同刀口形状的刻刀刻出形象。

（3）用版画油墨铺色后印制完成。

橡胶板刻刀的线条变化

作品欣赏

4. 粉印版画

粉印版画是借助吹塑纸板描画时所形成的特殊凹凸纹理进行涂色印制，作品具有色彩强烈、形象浑厚朴实的特点，具有稚拙美、色彩美、肌理美等艺术特色。

（1）设计形象，勾画轮廓，完成草图。

（2）在吹塑纸上画好轮廓，勾描时力度要适中，注意不要刻穿吹塑纸面。固定吹塑纸板和卡纸的一端。

勾画轮廓　　　　　　　　固定吹塑纸板和卡纸，准备涂色

（3）局部刷色后拓印，完成画面。

涂色拓印并完成画面

作品欣赏

5. 综合材料纸版画

综合材料纸版画是运用折纸、揉纸等方法完成局部形象，或借助梳子、丝网、毛巾、瓦楞纸等特殊材料进行版画制作。

（1）综合材料粘贴。

创意美术基础教程（全彩微课版）

（2）均匀滚油墨或铺水粉色。

（3）在生宣纸上均匀拓印完成。

准备好材料

铺水粉色

均匀拓印

作品欣赏

【实习与实践】

不同年龄幼儿的儿童版画能力发展特点及教育建议。

1. 小班

能力水平：小班幼儿控制剪刀的能力较弱，手部肌肉不发达，可运用撕纸的方法完成制版。此阶段的幼儿对复杂形象的表现能力较弱，适于表现抽象和简单的外形。

教育建议：

（1）教学中鼓励幼儿层层撕贴，完成凹凸版的制作。

（2）因幼儿的动作表现能力较弱，可将底版和生宣纸局部固定，以免印版时纸面错开。

（3）可采用局部涂色和局部印制的方法。

2. 中班

能力水平：中班幼儿手部肌肉的灵活性和协调能力提高，能够运用剪刀剪出几何图形，对几何形的组合拼贴有着浓厚的兴趣。

教育建议：

（1）此阶段的幼儿可尝试剪贴纸版画的制作。

（2）涂色时可用彩色进行，以丰富印制后作品的色彩效果。

3. 大班

能力水平：大班幼儿对剪刀的控制能力更强，能够剪出有一定细节的形象，粘贴组合的画面更具情节性。他们喜欢探索和尝试各种材料的效果，在作画过程中善于想象和创造。

教育建议：

（1）可围绕主题进行纸版画的创作，幼儿之间以合作的形式开展活动，可尝试完成大尺幅的作品印制。

（2）鼓励幼儿探索和发现新材料来进行版印尝试。

（3）可运用版画方法进行儿童绘本、儿童贺卡等多种形式作品的制作，以提高幼儿的兴趣。此阶段的幼儿应多看版画类作品，增强其审美素养，可借鉴《水浒叶子》等优秀作品的版画语言进行创作。

【思考与讨论】

儿童版画还可以运用哪些方法？

讨论并研究各种材料与儿童版画结合的技法，完成课后作业。

【动动手】

用四开大小的纸张完成一幅儿童版画作品，方法不限。

第三节 水彩游戏

水彩是具有独立审美语言的西画画种。水彩以水为媒介，调和颜料作画，因颜料本身的透明性和绘画过程中水的流动性，画面中常出现水融色的干湿浓淡变化，并产生透明酣畅、水色淋漓的奇妙效果。水彩的材料表现多样，水色游戏形式丰富，很适于色彩创意美术活动的开展。

【本节学习目标】

（1）掌握水彩的干湿画法。

（2）能够运用水彩技法开展幼儿水彩游戏活动。

水彩游戏（干湿画法）

水彩游戏（排水法）

一、水彩游戏的材料准备

水彩游戏的材料包括：水彩颜料、水彩纸、水彩笔、水桶、吸水布等。

二、水彩游戏方法举例

1. 干湿画法

干湿画法是水彩画的基本画法，是通过改变纸面环境（干或者打湿），使水色铺上纸面后形成特殊的渗化或笔触效果的水彩基本表现形式。无论是干画法还是湿画法，笔头的水色都是一致的，即水彩画必须用水调色，而干湿画法的差异仅在于纸面环境的不同。

（1）干画法

干画法是指待第一遍颜色干透后，再上第二遍颜色；等第二遍颜色干后，再上第三遍颜色。这样层层叠加，直到完全表现出对象的体积、空间和质感为止。这是水彩画中最基本、最重要的方法之一。

干画法水彩作品

（2）湿画法

湿画法是指将画纸浸湿或部分浸湿后进行上色，适用于表现水天一色的晨曦、星空、黄山云海、雨雾气氛等。当水的湿度为 100% 时，可以通过有反光的地方从纸的侧面看到纸面上的水，这时把颜料涂上去，将会晕开一片；当水的湿度为 50% 时，纸面上有一层薄薄的水，这时把颜料涂上去，将会慢慢晕开，像一条有趣的毛毛虫；当水的湿度为 10% 时，颜料涂上去不会晕开，颜色十分通透。

湿画法水彩作品

2. 撒盐法

撒盐法是趁上了色的画纸未干时在上面撒盐，盐融化时会将颜色融开，从而产生雪花状的肌理效果。颜色越深，表现效果越强烈。撒盐法常用于表现雨雪天气、草丛和树叶、石头和老墙。

（1）在干净的水彩纸面上铺出色块（宜深不宜浅）。

（2）趁色彩未干时在画面上均匀撒下盐粒（不要大量喷洒，颗粒细密即可）。

（3）静置于桌面，等待盐粒溶解。

铺出深色的色块

均匀撒盐

盐粒溶解后形成雪花效果

3. 排水法

在水彩着色前，用白色蜡笔遮盖部分画面；蜡笔画过的地方，水彩无法上色。这种方法既可以起提亮的作用，又可以留白，形成斑驳的肌理效果。排水法适用于画雪景，表现枝干上的残雪、水面上的折光等。也可以用彩色油画棒表现形象，然后用水彩色涂画背景，由于水油不相融合，从而使油画棒刻画的形象自然显现。

（1）用油画棒涂绘形象。

（2）用水彩涂色，形成油水分离效果。

用油画棒画花

用水彩铺色

4. 喷洒法

喷洒法是用喷壶或喷枪在湿纸上喷清水或喷色，从而产生有趣的画面效果。要注意的是，喷水或喷色一定要适度，而且要把握好纸面的湿度。喷洒法适用于描绘雨景、雪景等，用来增加朦胧之感。喷洒法除了可以用清水喷洒以外，还可以用水调和颜料，盛装于喷壶中，将颜色洒在水彩纸上，表现水天一色的情景。

（1）用水彩绘制形象。

（2）趁水彩未干时用清水或色彩喷洒。

铺画面背景

用湿画法画树木

用干画法绘制小船

趁背景湿时洒清水，以表现雨景

用湿画法画建筑

撒白点表现雪花

作品欣赏

5. 刮擦法

刮擦法是用笔杆、不锋利的树枝和棉签木杆刮出各种不同的痕迹，表现出飞白或深色的效果。在刮擦过程中，应注意力度，别把纸刮破，否则涂颜色时会浸到刮痕中。刮擦法可表现波光、草丛、树叶、树林等效果。

（1）用水彩绘制背景。

（2）趁局部未干时用硬纸片或木片轻刮纸面的色彩，形成刮痕。

用水彩绘制背景

用硬纸板趁湿刮出栅栏

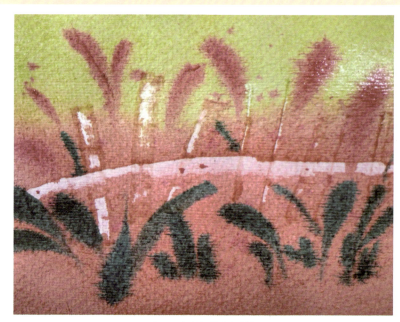

用湿画法添加草地与芦苇

6. 揉搓法

揉搓法是将画纸揉伤后，涂上较深的颜色。纸面上的揉伤程度不同，吸色的程度不同，所产生的肌理效果也不同。

（1）揉搓纸面，形成冰裂纹肌理。

（2）在纸面上涂色。

揉搓纸面

涂色

7. 铅笔淡彩法

铅笔淡彩法是将水溶性彩铅和水彩湿画法结合，在湿润的水彩上用水溶性彩铅表现形体细节特征的画法。

（1）用水彩淡彩着色。

水彩淡彩着色

（2）用水溶性彩铅铺色并绘制细节。

铺色并绘制细节

【实习与实践】

不同年龄幼儿的水彩能力发展特点及教育建议。

1. 小班

能力水平：小班幼儿对水和颜色的变化游戏有浓厚的兴趣，对水有亲切感，喜欢在湿润的纸面上观察水彩颜色的晕染变化效果。

教育建议：

（1）以玩色为主，加强幼儿对水彩湿画法的理解。

（2）可忽略具体形象进行纯肌理表现。

2. 中班

能力水平：中班幼儿的色彩表现能力有所提高，能够观察到因湿润程度不同所产生的水色晕染变化，也能够掌握利用多种材料进行水彩作品肌理的绘制。

教育建议：

（1）强调画面中干湿画法的变化表现。

（2）运用排水法、撒盐法表现画面背景，训练幼儿的观察和思考能力。

3. 大班

能力水平：大班幼儿对画面形象的表现能力增强，更善于思考和创造。此阶段的幼儿可广泛接触水彩肌理的表现方法，欣赏大量优秀的水彩作品，并结合作品的需要进行水彩游戏和材料探索。

教育建议：

（1）尝试各种趣味性强的水彩肌理游戏。

（2）启发幼儿探索材料并观察水彩作品的色彩变化。

（3）大量阅读水彩绘本插画，增强幼儿的水彩感受力，采用幼儿合作创编插画和故事的形式鼓励幼儿创作绘本。

【思考与讨论】

水彩游戏还有哪些形式？

讨论并研究各种材料与水彩游戏结合的技法，完成课后作业。

【动动手】

用四开大小的纸张完成一幅水彩肌理作品，方法不限。

第四节　彩墨游戏

彩墨游戏是利用墨和中国画颜料在纸面上墨色交融所形成的创造形象并表达情感的绘画语言。彩墨游戏源于传统中国画的表现手法，是适合现代幼儿绘画并贴近现代幼儿心理的一种中国画的创作活动。

【本节学习目标】

（1）掌握彩墨游戏的基本语言特征。

（2）探索运用多种材料进行彩墨游戏活动。

彩墨游戏造型表现（鱼）

一、彩墨游戏的材料准备

彩墨游戏的材料包括：中国画颜料、毛笔、水桶、吸水布等。

二、彩墨游戏方法举例

1. 点线面的游戏

观察生活中点线面的形象（点：叶芽、雨滴、花朵等，线：毛线、春柳、水波等，面：色块），并结合彩墨画中的抽象点线面作品及国外经典作品进行欣赏，提高对中国画点线面语言的理解力，通过用笔变化和画面意境的营造，表现出彩墨画中点线面独立的美感。

（1）点的游戏：喷洒等。

（2）线的游戏：中锋行笔、树枝画线、毛线拓印或弹线。

（3）面的游戏：面的涂绘、色块间的晕染交融，水色变化。

用墨线画柳条

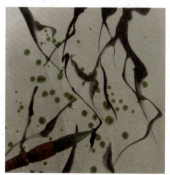

撒点柳叶

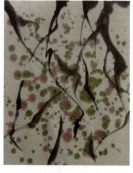

撒点桃花

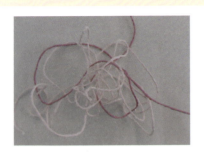

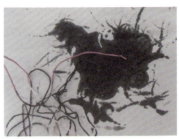

用纸藤蘸墨压印完成墨线

2. 拼贴实验

拼贴是将海报、贴纸等现代媒介形象剪贴后，与彩墨色块组合形成新的画面，以传达传统笔墨中的现代元素；或将完成的彩墨色块进行剪贴后，与彩墨画面粘贴形成多层次的形象。拼贴实验是将传统的民间剪纸工艺与水墨文化相结合，获得审美语言现代表达的一种实验形式。

（1）以中锋、侧锋等用笔表现线条或色块，并刻下或剪下。

（2）完成抽象笔墨作品后，将线条与色块进行重叠粘贴。

以中锋画线

剪刻

以侧锋铺墨块

重叠粘贴

3. 揉纸铺色

揉纸铺色是将宣纸表面揉皱，展平后用大块的色与墨涂抹画面，形成类似冰裂纹的肌理，再作画加以表现。

揉纸画墨，形成冰裂纹的效果

4. 造型表现

中国画的笔墨具有高度的概括性，物象的造型表现建立在对其结构的深入理解和传神表达上，因此，作为彩墨基本造型训练的写生描摹，是以夸张、概括、意象等造型方法来表现对象的。

（1）花卉蔬果类

运用笔墨对花卉蔬果的形象和色彩进行高度的概括表现，在用笔的正侧转折及提按变化中，形成千变万化的形体结构关系，借助色彩调和及色彩间的氤氲渗化，体现出特殊的彩墨意趣。

表现花卉蔬果类植物的叶片时，需观察叶子的老嫩、正侧、大小及疏密等形态，运用毛笔侧锋与中锋的转折变化体现叶片的形态。

鸡冠花

笔肚蘸曙红，笔尖蘸胭脂，侧锋调色

以侧笔完成花头，将胭脂调入淡墨画小叶，用重墨画老叶，最后用焦墨勾叶筋

葡萄

用中锋勾出藤蔓，用侧锋大写意画叶片　　笔肚调紫色，笔尖调花青，一笔点出葡萄

菊花

用中锋勾花瓣　　　　　用侧锋点叶、勾枝　　　　　染色完成

竹子

竹叶的俯仰形态　　　　　　　　竹枝的画法

单株竹的画法

多株竹的画法

蔷薇花

勾枝干　　　　　　　　淡墨勾花、铺叶片　　　　　　焦墨勾叶脉

荷花

侧锋铺叶片，焦墨勾叶脉　　　　　　　勾画荷花

淡墨侧锋画小叶　　　　　　　　淡曙红点花瓣

（2）水族类

观察水族类动物的身体结构特征，运用墨线与墨块的变化关系概括水族类动物，纹理刻画要生动，墨色要丰富，注重动物神态的体现。

鱼

勾鱼头

侧锋铺鱼腹及尾部，中锋勾鱼眼及鱼鳞

干笔扫出鱼鳍

中锋焦墨勾鱼鳍纹理

（3）禽鸟类

表现禽鸟类动物时要抓住鸟类的结构特征、羽毛的色泽及神态特点，观察鸟类的运动规律，并用丰富的笔墨概括鸟类的动态。

山雀

浓墨勾头部

淡墨铺背部及腹部

勾勒翅、足部及树枝

浓墨勾头部

淡墨铺腹部及背部

勾勒足部及树枝

（4）四肢动物

四肢类动物结构复杂，运动变化丰富，表现时应简化概括动物的结构特征，并运用笔墨的晕染体现其皮毛的质感。在动态上，四肢类动物的表现应更整体，需要通过细致的观察和反复的草图训练，达到对形象判断准确、下笔胸有成竹的作画状态。

马

侧锋铺出马头、颈部及躯干部分

画出头及四肢

描绘细部结构

画马蹄并增加墨色层次

马头的局部刻画

【实习与实践】

不同年龄幼儿的彩墨能力发展特点及教育建议。

1. 小班

能力水平：小班幼儿的毛笔控制力差，作画时可用毛笔结合手部直接作画；形象表现以抽象的点线面为主，不宜表现具体外形。

教育建议：

（1）以体验为主，不宜先验性指导。

（2）鼓励幼儿主动发现和观察笔墨变化。

2. 中班

能力水平：中班幼儿的毛笔控制力增强，对手工和绘画都有着浓厚的兴趣，可结合剪贴与水墨实验进行彩墨画的表现。

教育建议：

（1）在剪贴中观察笔墨的特征，理解中国画特殊的笔墨语言。

（2）发挥创意，进行水墨拼贴实验。

3. 大班

能力水平：大班幼儿的毛笔控制力进一步加强，观察、理解力提高，善于夸张表现物象的特征，并具有概括能力。此阶段的幼儿适合彩墨画的造型练习及表现。

教育建议：

（1）接触生活，观察各种物象的特征，指导幼儿运用笔墨方法进行概括。

（2）大量接触优秀的中国画作品，学习其创作和表现方法。

（3）大胆创作，在造型表现中增强作画的兴趣与体验。

【思考与讨论】

查找资料，收集作品，思考彩墨游戏的其他形式。

讨论并研究各种材料与彩墨游戏相结合的技法，完成课后作业。

【动动手】

在四开大小纸张上完成一幅彩墨作品，形式不限。

第五节　色彩综合材料

色彩综合材料指以玻璃、塑料、墙面等为底面，以多种绘画材料为介质进行色彩表现的一种形式。用综合材料作画必须熟悉各种绘画材料的特性，并尝试探索新材料、新方法，在作画中凸显创意与观念，体现丰富的色彩表现语言。

【本节学习目标】

（1）掌握几种常见材料的表现方法。

（2）探索运用更多材料进行综合材料创作活动。

一、综合材料准备

综合材料包括：石头、玻璃瓶、棉布、色彩工具、各种颜料等。

二、色彩综合材料方法举例

1. 瓶画彩绘法

瓶画彩绘法是玻璃彩绘法的形式之一。瓶画根据物象本身的造型特点进行形象设计，并辅助色彩表现。绘制时以立德粉和白乳胶调和液为底，改变瓶体表面的质感，并运用丙烯颜料干后不溶于水的特点涂色，作品可作为花瓶和生活实用品使用。

（1）寻找合适的玻璃器皿或金属器皿。

（2）调制白乳胶和立德粉，均匀刷在器皿表面。

（3）阴干后即可用丙烯颜料彩绘。

瓶画彩绘

2. 沙瓶画彩绘法

（1）选择合适的器皿（玻璃或塑料均可）。

（2）将白乳胶均匀刷在器皿表面。

（3）在器皿表面撒沙。

（4）干透后设计图形和色彩，用丙烯颜料进行彩绘。

沙瓶画彩绘

3. 纸盘彩绘法

纸盘彩绘法是在一次性餐盘上用水粉颜料手绘，并依据餐盘的造型，结合手工粘贴方法完成形象的设计。

（1）选取餐盘材料。

（2）设计草图。

（3）绘制作品。

纸盘彩绘

4. 石头彩绘法

石头彩绘法是借助石头天然的纹理和色彩，运用色彩材料在石头表面作画的一种方式。在作画时，利用色彩不透明的特性（如水粉颜料和丙烯颜料），根据石块的外形设计形象，进行石头画创意。

（1）选择合适的石块。

（2）设计形象草图。

（3）用水粉（或丙烯）颜料在石头表面描绘形象。

石头彩绘

作品欣赏

5. 布面彩绘法

布面彩绘法是在布面（包括鞋类、服装、手帕等）材料上进行色彩表现的一种形式，运用色彩作画，完成实用纺织品的装饰。为方便清洗，布面彩绘不宜使用融水性颜料（如水彩和水粉），以丙烯或纺织颜料作画最为常见。

（1）选定布面材料。

（2）设计草图。

（3）填涂色彩。

布面彩绘

6. 纸浆彩绘法

纸浆彩绘法是用纸浆与白乳胶、水粉色相调和，并粘附在画面，形成具有特殊凹凸肌理质感的纸浆作品。在纸浆表面，也可结合毛线、串珠等综合材料粘贴，形成丰富的质感。

（1）设计形象草图。

（2）调和纸浆（将软质纸浸入水约两小时，沥干取出后调和白乳胶及水粉颜料）。

（3）用镊子将纸浆粘贴于画面，完成作品。

纸浆的制作及粘贴

将松软的棉花制作成云朵

粘贴纸浆树木

作品欣赏

7. 箱体彩绘法

箱体彩绘法是运用涂绘、粘贴等多种表现形式，将综合材料粘附于箱体表面，形成小型装置作品。

（1）设计箱体组合草图。

（2）设计箱体表面的装饰。

（3）准备材料。

（4）粘贴并完成作品。

箱体彩绘

作品欣赏

8. 壁画彩绘法

壁画彩绘法是一种在墙壁上作画的形式。从西班牙的阿尔塔米拉洞窟到中国的莫高窟、皇家宫殿，以至于现代家居装饰、幼儿园环境墙绘等，壁画作品随处可见，也深受现代人的关注和喜爱。

（1）壁画环境及创作分析。

（2）设计草图。

（3）准备材料（丙烯颜料）。

（4）创作壁画。

壁画彩绘

壁画彩绘（续）

作品欣赏

9. 其他形式彩绘法

雕塑彩绘   彩陶灯具

不倒翁玩具彩绘

染纸与剪纸

建筑模型彩绘

【实习与实践】

不同年龄幼儿的综合材料能力发展特点及教育建议。

1. 小班

能力水平：小班幼儿宜选择有色材料进行拼贴来表现色彩，操作过程简单，组合形式丰富。

教育建议：

（1）选用幼儿熟悉的生活材料进行综合拼贴，如用纽扣拼贴毛毛虫，用彩色纸藤拼贴五线谱和音符等。

（2）鼓励幼儿发现和运用综合材料进行色彩创意表现。

（3）开展主题活动，鼓励幼儿合作完成创意色彩画面。

2. 中班

能力水平：中班幼儿对综合材料的认识有所扩展，并能自主选择材料进行色彩表现，但不能完成复杂手部操作的综合材料色彩表现。

教育建议：

（1）此阶段幼儿可尝试手绘墙的表现。

（2）可鼓励幼儿选用综合材料进行相对精细动作的手部拼贴。

3. 大班

能力水平：大班幼儿的色彩操作能力增强，可完成色彩纸浆制作及石头、鸡蛋等丰富的彩绘形式，应提高幼儿对综合材料色彩表现的探索能力。

教育建议：

（1）运用大型纸箱、屏风、风筝等材料彩绘，实现装饰环境和实用性的色彩功能。

（2）运用小型综合材料彩绘，训练幼儿的色彩精细度表现。

（3）为幼儿提供相应的装置艺术、纤维艺术等综合材料色彩作品赏析，引导幼儿探索和发现更多综合材料的表现形式，以合作和分组的形式完成环境改造和设计。

【思考与讨论】

讨论其他综合材料色彩的表现形式。

如何进行幼儿综合材料色彩创意课程的设计？

收集幼儿的综合材料创意色彩作品，并分析作品的特征。

【动动手】

在四开大小的纸张上完成一幅综合材料色彩作品，题材及材料自定。

第四章
创意手工

　　手工是幼儿喜爱的一项美术活动，它不仅能促进幼儿手部肌肉的发育，还能锻炼幼儿的手眼协调能力。色泽艳丽的纸、五彩斑斓的布、柔软质朴的泥等材料，通过剪一剪、拼一拼、贴一贴、捏一捏，就能为幼儿的手工活动带来无限乐趣。创意手工正是运用幼儿手工活动的常见材料，以生活化、民族化、特色化的创意眼光与主题构思充分挖掘材料的特性，创作符合幼儿审美需求的手工作品。

　　不同材料的手工作品有其独特的成型方式，但它们都离不开构思、设计、选材、制作、装饰这五个基本制作步骤。在每个步骤中添加趣味、独特的创意元素，均能使手工作品展现出独特的艺术魅力。

　　（1）构思。首先，为作品设定一个主题，家人、食物、动物、植物、节日、动画、绘本等与幼儿息息相关的生活事物，均是学前教育手工创作的主题源泉；其次，构思还包括对呈现作品主题的形象、造型、色彩、材料、布局等方面做初步的整体设想。

　　（2）设计。将前期的主题构思转换为具体的设计方案，对主题的各方面进行具象的细节设计。简单作品在脑海中形成设计意图即可，复杂作品则需以绘制草稿图来详细记录设计方案。

　　（3）选材。根据设计方案挑选合适的材料进行作品的制作。选材又分"因意施材"和"因材施艺"两个法则。因意施材是根据构思对材料进行客观挑选和制作，因材施艺则强调以材料的特性来进行构思和制作，后者更需要创作者具备丰富的创意和手工经验，对材料进行借形想象。

　　（4）制作。根据构思或设计方案，运用材料进行制作。不同的材料，制作技法各不相同，在此环节应尽量提高作品的精致、细腻程度。

　　（5）装饰。以绘画方式或添加辅材方式对作品进一步修饰，使其细节更加丰富完善，作品呈现艺术美感。

　　不同材料、不同制作方式可诞生出形式多样、各具特色的手工作品。正确使用手工工具和黏合材料是实现各类特色作品的重要途径。在手工制作中，常用的工具有美工刀、直尺、剪刀、圆规、镊子、尖嘴钳、切圆器、打孔器等；常用的黏合材料有双面胶、泡沫胶、白乳胶、热熔胶、酒精胶、U形胶等。

　　常见的手工工具如下。

　　（1）美工刀：切割工具。

　　（2）直尺：丈量、辅助绘制工具。

　　（3）剪刀：剪切工具。

　　（4）圆规：圆形绘制工具。

　　（5）镊子：夹取细小物件的辅助工具。

　　（6）尖嘴钳：捏制造型的辅助工具。

（7）切圆器：圆形切割工具。

（8）打孔器：圆形小孔剪切工具。

常见的手工工具

手工类常用黏合材料如下。

（1）双面胶：双面粘贴材料，常用于粘贴纸材。

（2）泡沫胶：具有一定厚度的双面粘贴材料，常用于粘贴纸材。

（3）白乳胶：乳白色液体胶，常用于粘贴纸材。

（4）热熔胶：冷却时为固体状，需加热成液态使用，常用于粘贴布材、综合材料。

（5）酒精胶：透明液体胶，常用于粘贴布材。

（6）U形胶：强效透明液体胶，常用于粘贴综合材料。

常用的黏合材料

第一节　创意编织

　　编织是我国一项传统民间工艺。早在春秋战国时期，人们就通过竹编、棕编、藤编等方式生产生活器具，从而铸就了高超的编织技艺。当代生活中，编织产品多种多样，地垫、壁挂、器具等生活产品，使编织呈现为具有观赏价值的实用艺术品。在幼儿手工活动中，编织手工强调作品的趣味性，作品主要以平面形象为主。幼儿通过简单的编织技法练习，不仅能提升逻辑能力和想象能力，而且能了解我国优秀的传统文化，增强民族自豪感。

【本节学习目标】

（1）了解编织工艺及其材料。

（2）掌握基础的编织技法，运用生活中的线状材料创作编织作品。

一、编织工具与材料

幼儿编织材料主要为生活中可利用的线状材料，如皱纹纸条、纸藤、布条、麻绳、毛线、吸管、扭扭棒等。常用工具为剪刀、美工刀。常用黏合材料为双面胶、万能胶。

二、编织作品方法举例

1. 经纬编织法

经纬编织法是将线条以纵横交错的方式来回穿插，使其形成上下叠交的效果。

（1）热带鱼编织解析

① 在卡纸上勾勒出热带鱼的形象，并剪下来；

②③ 用直尺在热带鱼身体部位画出直线；

④ 用纸条在圆形热带鱼身体的直线内间隔一列进行穿插编织；

⑤⑥ 在纸条背面粘白胶使其牢固；

⑦⑧ 用纸条在三角形热带鱼身体的直线内间隔两列进行穿插编织；

⑨⑩ 在纸条背面粘白胶使其牢固；

⑪ 在卡纸上剪出眼睛形状后粘贴于热带鱼头部，热带鱼编织造型完成。

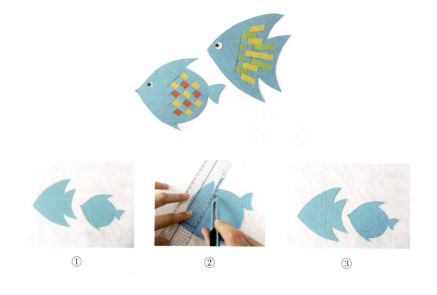

①   ②   ③

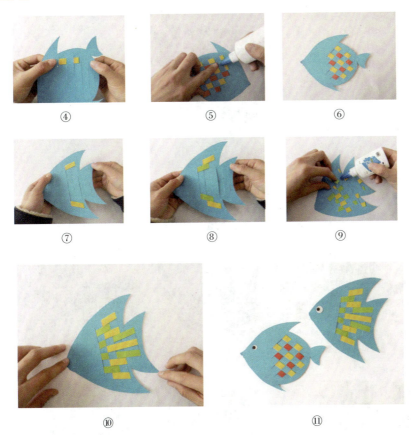

④　　　　　　　⑤　　　　　　　⑥

⑦　　　　　　　⑧　　　　　　　⑨

⑩　　　　　　　　　　　　　⑪

热带鱼制作步骤　郑倩云

（2）篮子编织解析

① 准备长度为 30 厘米的卡纸条若干、麻绳、剪刀、双面胶；

②③ 将卡纸条进行经纬编织，形成篮子底面；

④ 编织出底面后，用双面胶粘贴固定；

⑤ 将剩余的卡纸条竖立起来形成四面；

⑥⑦⑧⑨ 用麻绳将其中一面进行交叉围绕编织；

⑩ 以此方式在其他几个面继续编织；

⑪ 逐渐编织出篮子的高度；

⑫ 编织出所需高度，剪去多余的麻绳并打结固定；

⑬ 将多余的卡纸条对折并用双面胶黏合；

⑭ 完成篮子编织造型；

⑮ 利用此编织方式可编织其他造型的篮子。

① ② ③

④ ⑤ ⑥

⑦ ⑧ ⑨

⑩ ⑪ ⑫

⑬ ⑭ ⑮

篮子制作步骤　罗淑婷、周蔚

2. 盘绕编织法

盘绕编织法是将线条以一个中心点为出发点，在多个发散支架上来回上下穿插，形成交织效果。

十字形编织挂饰解析

① 准备 20 厘米长的小木棍若干，各色毛线、热熔胶；

② 用热熔胶在小木棍中心点进行黏合，形成十字形；

③ 用黄色毛线在其中一根小木棍的中心点打结；

④⑤ 用黄色毛线在小木棍上交叉缠绕；

⑥⑦⑧ 用黄色毛线在四根小棍上盘绕编织并打结固定；

⑨⑩⑪⑫⑬ 用白色毛线在黄色毛线外圈进行对称盘绕编织；

⑭⑮⑯⑰ 用棕色毛线在白色毛线外圈进行顺时针盘绕编织；

⑱⑲ 用浅灰色毛线继续进行逆时针盘绕编织；

⑳㉑ 依此方法继续用各色毛线进行顺时针盘绕编织；

㉒ 完成十字形编织挂饰造型的制作。

十字形编织

米字形编织

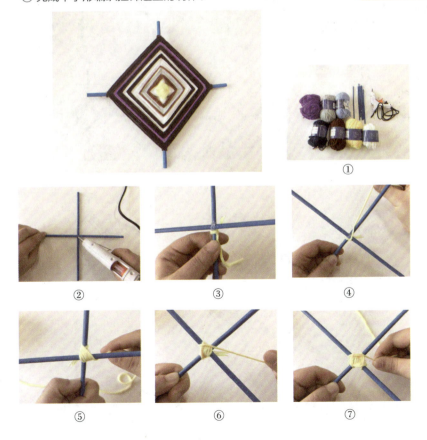

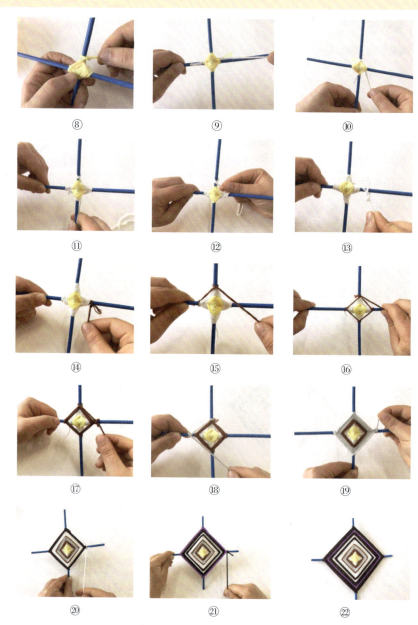

十字形编织挂饰制作步骤　陈燕、王佳丽

作品欣赏

【思考与讨论】

搜集资料，说一说民间编织工艺品的分类及历史。

观察民间编织工艺品，讨论它们的编织技法。

搜集线状材料，说说它们的特点和可编织的操作方法。

【动动手】

选取一种线状材料，将它创作为一件编织作品，题材、尺寸不限。

第二节　创意布玩具

　　无论是民间虎头鞋、布娃娃，还是沙包等幼儿玩具，布玩具为幼儿带来安全舒适的游戏乐趣。在幼儿园里，布玩具以丰富多彩的造型形象和操作方法呈现在各类区域活动中，伴随着幼儿的快乐成长。

【本节学习目标】

　　（1）掌握布玩具的基本缝纫针法。

　　（2）根据布料的不同颜色和纹样，创作符合幼儿玩耍的布玩具。

一、布玩具工具与材料

　　布玩具一般以生活中常见的棉布、麻布、毛巾布、无纺布等布料为创作材料。其中，无纺布以其色彩鲜艳、制作方便的特性常常应用于布玩具中。常用的布玩具制作工具为针线、剪刀、直尺。常用的黏合材料为酒精胶。

二、布艺针法举例

1. 平针缝法

　　平针缝法是最基本的缝纫针法，从布料的正面入针，背面以3毫米的间距向前推进缝针，绣迹形成一条虚线。

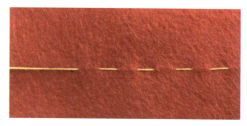

平针缝

2. 回针缝法

　　回针缝法是从布料背面进针后，回退一步往前缝平针，依此回退缝针，绣迹形成一条实线。此缝法紧密牢固，立体布艺中应用较多。

回针缝

3. 卷针缝法

卷针缝法是针在布料上以绕圈的方式进出来回缝纫。此缝法适用于表现面。

边缘卷针缝　　　　　　平面卷针缝

4. 锁边缝法

锁边缝法是缝合边缘用的针法，在无纺布布艺中运用较多，针脚密度要一致才美观。

① 准备两块布料，针从两块布料的中间插入 2 号布料，便于将线头藏在布料中间；

② 针回到 1 号布料正面进针，进针位置与 2 号布料的进针位置相同，然后从两块布料中间拉起针线；

③ 针穿过两块布料的中线，拉起针线；

④ 拉紧线使两块布料并拢，用卷针缝法向前进针；

⑤ 每卷针缝一次，均用针挑过中线并拉紧；

⑥ 布料的侧面边缘形成一条包边线。

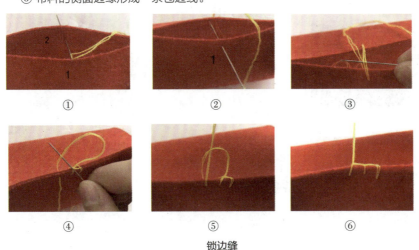

①　　　　　　　②　　　　　　　③

④　　　　　　　⑤　　　　　　　⑥

锁边缝

三、布玩具作品举例

1. 丑小鸭与天鹅双面布偶制作解析

① 准备无纺布、双面胶、针线、剪刀、酒精胶、珍珠棉、纸笔；

② 在纸上勾勒出丑小鸭和天鹅的造型，二者外轮廓一致，并进行简单的着色；

③ 运用复写纸将丑小鸭和天鹅形象分别拆分为身体、翅膀、嘴巴、眼睛、蝴蝶结几部分，并用剪刀分别剪下来；

④⑤⑥ 按纸张形象在不同颜色的无纺布上一一剪切出拆分的身体部分；

⑦ 运用锁边缝法将两面身体进行缝合；

⑧ 中间留出缺口塞入针织棉；

⑨ 缝合缺口，完成身体造型；

⑩⑪⑫ 在蓝色的无纺布上粘贴出天鹅的形象；

⑬⑭⑮ 在灰色的无纺布上粘贴出丑小鸭的形象。

①　②　③

④　⑤　⑥

⑦　⑧　⑨

⑩   ⑪   ⑫

⑬   ⑭   ⑮

丑小鸭与天鹅双面布偶制作步骤　颜珍琴、郑倩云

2. 小红帽与大灰狼指偶制作解析

① 准备热熔胶、双面胶、无纺布、针线、剪刀；

② 在纸上勾勒出小红帽和大灰狼的造型，并剪出来；

③④⑤ 将小红帽和大灰狼图形拆分开来，将拆分的形象用双面胶粘贴在无纺布上并——剪出来，身体部分需剪出双份；

⑥⑦⑧ 用平针缝法缝合两面身体，并依次黏合牙齿和耳朵，制作出大灰狼的形象；

⑨⑩⑪⑫ 缝合出小红帽的头部及身体，用热熔胶黏合头部、身体、披风、手臂四个部分，制作出小红帽的形象；

⑬ 小红帽与大灰狼指偶造型制作完成。

①

② ③ ④

⑤ ⑥ ⑦

⑧ ⑨ ⑩

⑪ ⑫ ⑬

指偶制作步骤　颜珍琴、郑倩云

作品欣赏

【思考与讨论】

　　寻找身边的布玩偶，说说它们的制作方法。

　　讨论生活中有哪些废旧布料可以用来制作布玩偶。

【动动手】

　　以儿童审美为导向，选取布材料制作一个充满童趣的布玩具，尺寸不限。

第三节　创意纸黏土

　　捏面人又称为面塑，是深受幼儿喜爱的一类民间工艺品。它以糯米粉、面粉加色彩制作成活泼生动的人物、动物等形象，具有较高的艺术价值。随着时代的发展，纸黏土以安全无毒、色彩鲜艳、操作方便、易于保存等优点，广泛应用于各类手工作品，也为传统面塑开创了更多的可塑性。幼儿手工活动中，以雪花泥、超轻黏土材料借鉴传统面人的印、压、滚、切、刻、捏等塑形方法，可呈现出新颖别致又极富童趣的手工作品。

【本节学习目标】

　　（1）掌握纸黏土的基本塑形方法。

　　（2）运用创意思维，创作纸黏土作品。

一、纸黏土工具与材料

　　幼儿园常用的纸黏土材料为雪花泥、超轻黏土，常用的工具为塑料泥、塑刀、泥塑棍、泥塑模具等，常用的黏合材料为热熔胶、泡沫胶。

二、纸黏土作品方法举例

1. 立体纸黏土作品

　　立体纸黏土作品是将纸黏土捏制为条装、点状、方体、柱体、球体等形体，并黏合形成立体植物、动物、人物等造型。

　　（1）圣诞老人造型解析

　　① 准备各色超轻黏土及泥塑工具；

　　②③④ 用黄色及白色黏土搓出长方条，黏合后卷成一个小卷；

　　⑤⑥ 用点状、条状黏土装饰小卷；

　　⑦ 用红色和白色黏土制作出圣诞老人的头部和帽子；

　　⑧⑨⑩ 用白色黏土装饰帽子；

　　⑪ 黏合帽子及头部；

　　⑫ 用红色、白色黏土捏出圣诞老人的身体及手臂、双手；

　　⑬ 黏合身体，搓出白色长条黏土，粘贴为腰带；

　　⑭ 黏合头部及身体；

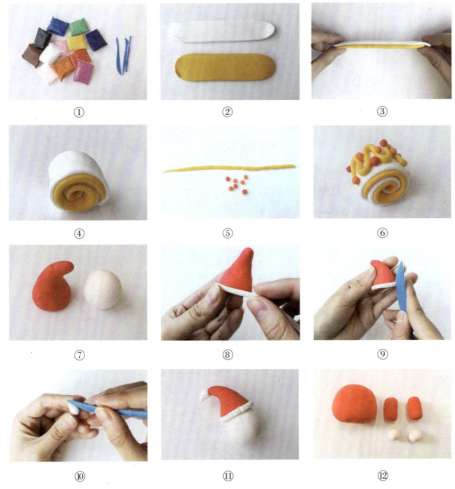

⑮⑯⑰ 用白色、黑色、肉色黏土分别制作出胡须、眼睛、鼻子、耳朵并粘贴在头部，用铁丝在胡须上扎小洞形成嘴巴；

⑱ 制作出圆形底部，粘贴小卷、圣诞老人，进一步装饰后完成造型。

①   ②   ③

④   ⑤   ⑥

⑦   ⑧   ⑨

⑩   ⑪   ⑫

⑬　　　　　　　　⑭　　　　　　　　⑮

⑯　　　　　　　　⑰　　　　　　　　⑱

圣诞老人制作步骤　倪斌雪、欧阳庆林

（2）纸杯泥塑造型解析

① 准备超轻黏土、泡沫胶、纸杯、细铁丝、圆形泡沫板；

② 将细铁丝折叠弯曲；

③④ 将铁丝一头用泡沫胶粘贴在纸杯内部，另一头插入圆形泡沫板；

⑤⑥⑦ 混合白色及绿色超轻黏土，将其粘贴在铁丝外部，形成大致造型；

⑧ 用黄色及白色黏土分别制作出花瓣和花蕊；

⑨⑩ 围合花瓣形成花朵形象；

⑪ 剪去花朵底部，粘贴在绿色黏土上；

⑫⑬ 继续制作花朵并一一粘贴在绿色黏土上；

⑭ 制作蜜蜂造型，粘贴于纸杯上，完成立体造型。

① ② ③

④ ⑤ ⑥

⑦ ⑧ ⑨

⑩ ⑪ ⑫

⑬ ⑭

纸杯泥塑制作步骤　倪斌雪、欧阳庆林

作品欣赏

2. 平面纸黏土作品

平面纸黏土作品以平面粘贴的方式将纸黏土捏制为植物、动物、人物等趣味形象，使其粘贴组合成平面装饰画。

泥塑挂饰制作解析

① 准备超轻黏土、冰棒棍、白胶、卡纸条；

② 将冰棒棍排成一列，用卡纸条粘贴牢固；

③ 用深蓝色、浅蓝色超轻黏土搓出长条，做出水花状，贴在冰棒棍平面上；

④ 继续用超轻黏土做出圆圈水花状；

⑤ 粘贴出水面形象，增添小鱼及水滴；

⑥ 做出云朵进一步装饰画面，背面粘贴好麻绳，形成挂饰。

①

②

③

④

⑤

⑥

泥塑挂饰制作步骤　倪斌雪

作品欣赏

【思考与讨论】

找一找纸黏土，说说它有哪些分类。

讨论生活中有哪些废旧物品可以应用于纸黏土作品中。

【动动手】

以节日为主题，运用纸黏土结合废旧材料完成一个创意纸黏土作品，尺寸不限。

第四节　创意微景观

以创意的表现方法和精巧的手工制作将微缩的房子、树木、人物等造型集合为一个小小的景观模型，仿佛让人们在景观中发现了微观的世界。创意微景观作为时下较为流行的一类装饰艺术作品，常以苔藓、多肉等植物为主进行打造。在学前教育手工作品中，借用微缩的表现手法，运用生活中各类特色材料创作微景观，能为幼儿园环境增添富有特色的装扮饰物。

【本节学习目标】

（1）了解微景观的材料及表现方法。

（2）搜集生活中的废旧材料，结合新材料创设微景观作品。

一、微景观工具与材料

微景观的制作方法很多，并没有固定的材料规定微景观的表现形式。生活中的自然材料、废旧材料都是制作微景观的常用材料，如纸张、布料、麻绳、木棍、塑料瓶、灯泡、棉花、纸盒等。常用的工具为剪刀、美工刀、镊子、尺子、圆规、尖嘴钳、打孔器。常用的黏合材料为泡沫胶、双面胶、热熔胶。

二、微景观作品方法举例

小茶馆微景观制作解析

① 设计并画出小茶馆草图；

② 准备牛皮纸、石纹纸、布纹纸、布料、厚纸板、薄木板、木棍、泡沫板、剪刀、热熔胶、白乳胶、超轻黏土、成品屏风、颜料、画笔等材料；

③④⑤ 切割泡沫板，粘贴牛皮纸，围合后用热熔胶粘贴出茶馆空间形象；

⑥ 在泡沫板上粘贴石纹纸形成地面；

⑦ 在薄木板上刷棕色水粉颜料，形成深木纹色；

⑧ ⑨ 在厚纸板上剪出柜子各部分后，用热熔胶黏合成柜子，并用水粉颜料着色为深棕色；

⑩⑪⑫ 用卡纸剪出长条，粘贴上宣纸，书写字体；

⑬⑭ 在布料上画出茶壶形象并剪切出来；

⑮⑯ 用小木块拼合出长凳和椅子形象，并刷上棕色水粉颜料；

⑰⑱⑲ 用棕色超轻黏土捏出茶壶、茶杯等形象；

⑳ 用白色超轻黏土捏出花瓶形象，绘制花纹；

㉑㉒ 用成品镂空屏风进行装饰，用马克笔画出屋檐；

㉓㉔ 在茶馆空间形象内摆放出制作的各个小部件，调整并完善小茶馆微景观造型。

①

②

③

④

⑤

⑥

⑦ ⑧ ⑨

⑩ ⑪ ⑫

⑬ ⑭ ⑮

⑯ ⑰ ⑱

⑲ ⑳ ㉑

㉒ ㉓ ㉔

小茶馆微景观制作步骤　刘思源

作品欣赏

【 思考与讨论 】

　　观察你周围的生活环境，拍摄一些景观图片。

　　搜集两件不同质感的材料，谈一谈它的特点及在微景观中的应用方法。

【 动动手 】

　　选取 3~5 件不同材质的材料，运用它们完成一个创意微景观作品，题材、尺寸不限。